COMO TRABALHAR A PARTIR DE CASA SENDO UMA MÃE

FAZER O SEU TRABALHO A PARTIR
DO CONFORTO DA SUA CASA,
APRENDER TUDO O QUE VOCÊ TEM
QUE FAZER PARA TRAZER O SEU
ESCRITÓRIO PARA O SEU QUARTO

Jessy M. Brown

Primeira Edição

Tabela de Conteúdos

Introdução

Se você está cansado de trabalhar fora de casa ou pronto para ganhar dinheiro extra, as oportunidades disponíveis para as mães que trabalham em casa podem ser incríveis.

Se você está se retraindo por medo de que suas habilidades não sejam aperfeiçoadas o suficiente para transformar seus sonhos em realidade, relaxe! Mesmo as mulheres que não têm títulos ou "habilidades profissionais" de alto preço descobrirão que há muitas opções para lançar negócios lucrativos a partir de casa. Também é possível obter empregos de pessoal real, trabalhando para outros fora de um escritório em casa. O teletrabalho está a tornar-se mais comum do que possas pensar. Você pode até ser capaz de se inscrever como um trabalhador contratado ou autônomo em empresas ao redor do mundo.

A verdade é que não é necessário ter uma capacidade específica para trabalhar em casa. Há soluções para superar quase todos os obstáculos que se interpõem no seu caminho. Não há razão para se desencorajar!

Imergir-se na perspectiva de trabalhar em casa pode ser uma decisão incrível para você e sua família inteira. No entanto, tem de ser cuidadosamente examinada. Trabalhar em casa pode ser uma experiência maravilhosa, mas não é para todos.

Neste livro, discutiremos as coisas que você precisará considerar para ter sucesso. Há algumas maneiras de descobrir se trabalhar em casa realmente se adapte ao seu estilo e alguns benefícios e perigos que é inteligente para explorar antes de avançar para iniciar uma carreira em casa.

Embora haja obstáculos - especialmente

para mães ocupadas com horários agitados - há maneiras de esmagar quase todos eles. Há técnicas, dicas e ideias para enfrentar a adversidade de frente e vencer que podem ajudar a colocá-lo no caminho do sucesso.

Uma das chaves para um negócio home bem sucedido é selecionar o campo direito para trabalhar. No entanto, as oportunidades podem ser um pouco incríveis. Explorar todas as opções cuidadosamente e como elas se encaixam no seu estilo de vida pessoal deve ser uma prioridade absoluta antes de escolher o caminho a seguir.

Não importa se você está planejando se tornar um empresário de algum tipo ou se você quer trabalhar como freelancer, há também algumas coisas para ter em mente. Desde obter a formação necessária e encontrar trabalho para a criação de um escritório em casa, vamos discutir o que você precisa saber para tornar seus sonhos de trabalhar em casa uma realidade.

Como sei se trabalhar em casa é para mim?

Você ama a idéia de poder trabalhar em casa e gosta da idéia de passar mais tempo com sua família, mas não tem certeza de que este é o caminho certo para você. Não te preocupes, não estás sozinho nas tuas dúvidas. Quase todas as mulheres que iniciaram uma carreira de sucesso em casa enfrentaram-nos. Ainda assim, é inteligente ter a certeza.

Trabalhar em casa requer muita dedicação, disciplina e paciência. Não é para todos, e está tudo bem. Há algumas coisas que devem ser cuidadosamente consideradas se você pretende se tornar uma mãe que trabalha em casa. Mesmo que você fique em casa, mãe, adicionar uma carreira à mistura pode fazer um pouco de diferença. Para ter certeza de que você está indo na direção certa para você, é importante rever coisas como finanças, apoio familiar e sua capacidade de lidar com a perspectiva de trabalhar em casa. Algumas mães prosperam nesta situação, mas outras murcham.

➢ SITUAÇÃO FINANCEIRA

Se você está planejando deixar um emprego remunerado para trabalhar em casa, você deve ter uma boa gestão financeira. Na maioria dos casos, levará algum tempo para criar uma empresa ou uma empresa independente o suficiente para substituir um trabalho diário. Além do capital necessário para iniciar o negócio, você também precisará de um fundo de reserva para cobrir o período inicial.

A quantidade de dinheiro que você reservar dependerá de uma série de fatores, entre eles:

Entenda como é grande a sua contribuição mensal para o orçamento familiar. Certifique-se de que a sua figura está coberta durante pelo menos alguns meses. Três meses pode fazer o truque, mas é uma opção conservadora (e mais segura) para fotografar de seis a doze meses. Mantenha esses números separados do que você precisará para dar à sua empresa uma chance de luta como o sucesso, também.

Estabelecer um negócio baseado em casa pode exigir algum capital inicial. Além do que é necessário para cobrir a família, você também vai querer dinheiro para equipamentos, marketing, licenças, etc. Um empréstimo para pequenas empresas pode funcionar em alguns casos, mas para muitas operações em casa, você estará por conta própria com os custos iniciais.

Embora os planos de negócios nem sempre possam ser desenvolvidos exatamente na hora certa, você tem uma boa compreensão do período de antecipação da sua empresa em particular. Você vai querer ter certeza que você tem o dinheiro disponível para cobrir este período e continuar a crescer o negócio. Sê realista aqui.

Se as finanças interferirem no seu caminho, considere procurar empréstimos, activar um plano de poupança ou simplesmente trabalhar no seu negócio a tempo parcial no início. Há maneiras de fazer o seu sonho acontecer mesmo se o dinheiro não está disponível tão rapidamente quanto você gostaria.

➤ *O APOIO À FAMÍLIA É CRUCIAL*

Entrar em um trabalho em casa empresa sem o apoio de uma família sólida para a idéia pode vir a ser um grande erro. Se os membros da família não entenderem que o horário de trabalho é importante ou que as chamadas de trabalho não devem ser interrompidas com música rock'n' roll alta do quarto de um adolescente, então uma batalha difícil terá que ser travada.

Para ter certeza de que sua família está a bordo, faça a si mesmo as seguintes perguntas:

Eu já discuti a idéia cuidadosamente com todos os membros da família? Se não o fez, vai querer fazê-lo. Certificar-se de que todos os que têm idade suficiente compreendem que o facto de estar em casa não significa que as horas de trabalho sejam menos importantes é vital para as suas hipóteses de sucesso.

Os membros mais velhos da família darão apoio durante emergências? As mães que trabalham em casa ainda precisam participar de reuniões, cumprir prazos ou sair e fazer contatos. Quando há necessidade de uma concentração séria, é imperativo ter alguém que possa intervir e cuidar das crianças e/ou das tarefas domésticas.

Os membros da família ajudarão? Só porque você trabalha em casa não significa que você pode ou deve cuidar de tudo. Ajudá-lo-á muito se os membros da família ajudarem com as tarefas e fizerem a sua parte para garantir que tudo na casa flua sem problemas.

Trabalhar em casa depois de estar no mundo pode ser um pouco difícil para uma família inteira. Se você tem sido uma mãe que fica em casa, os desafios podem ser ainda maiores. Afinal, toda a gente está habituada a ter-te lá para os ajudar.

Mudar para uma carreira em casa significa que, mesmo que você esteja lá, às vezes as prioridades terão que mudar de foco. Se a sua família está realmente a bordo, você terá uma vantagem em qualquer esforço que prosseguir.

➢ *AUTODISCIPLINA*

Não importa quanto dinheiro você economizou para começar ou o apoio que sua família oferece, se você não consegue se motivar, você está em apuros. A autodisciplina é um dos traços mais importantes a ter quando se tenta iniciar uma carreira em casa. Isto aplica-se aos trabalhadores à distância que trabalharão a tempo inteiro para empresas e futuros empregadores.

Para ter certeza de que você tem o que precisa nesta frente, considere fazer estas perguntas e responder honestamente e francamente:

Estou motivado? Se você não tiver a motivação e a vontade de se levantar de manhã e chegar ao trabalho, uma empresa baseada em casa estará em terreno instável desde o início. Enquanto metade da recompensa de trabalhar em casa é estar mais perto da família, você ainda terá que operar com unidade para desfrutar de sucesso nos negócios. Como criar seus filhos, uma carreira em casa requer tempo, atenção e um pouco de cuidado sério.

Posso definir as horas e segui-las? Quando é proprietário da operação ou é trabalhador por conta própria, pode definir o seu próprio horário. Na verdade, fazê-lo pode ser uma grande ajuda para garantir que a vida seja mais equilibrada. Naturalmente, você pode sair cedo para brincar com as crianças de vez em quando, mas você terá que manter a vida em uma base mais ou menos regular.

Posso resistir à tentação? Uma das questões que a autodisciplina pode superar é resistir à tentação de fazer outras coisas além do trabalho durante as horas de trabalho. Quando nenhum chefe está respirando no seu pescoço, pode ser muito fácil assistir TV, jogar jogos de computador ou até mesmo fazer tarefas domésticas em vez de executar funções relacionadas ao trabalho. Entregue-se à tentação com demasiada frequência e a sua empresa pode não voar.

> ### *GESTÃO DO ISOLAMENTO*

Dependendo do tipo de negócio que você planeja perseguir, você pode encontrar-se um pouco isolado de outras pessoas. Carreiras baseadas em computador, por exemplo, pode fazer você trabalhar em casa e nunca sair e ver as pessoas além da família por dias a fio. Embora isso não seja um problema para muitos, pode deixar algumas mulheres loucas. Certifique-se de saber sua posição sobre o assunto antes de avançar com uma escolha de carreira que poderia colocá-lo nesta posição.

Se você quiser lidar com o problema potencial do isolamento frontal, há algumas coisas que podem ajudar. Estes incluem

Esta é uma ótima maneira de sair de casa toda semana ou mês. Além disso, pode ajudar a garantir que o seu negócio recebe o seu nome.

Mesmo que a sua empresa seja baseada em computador, não há nada de errado em aceitar e solicitar clientes locais. Isso pode tirá-lo do "escritório" de vez em quando e ajudá-lo a crescer o seu negócio também.

Pode ser extremamente benéfico planejar atividades fora do horário comercial que não envolvam ficar em casa. Mesmo uma viagem ao parque com as crianças a cada poucos dias pode manter sua sanidade sob controle. As corridas de mercearia não contam!

Voluntariado nas escolas dos seus filhos Mesmo o voluntariado uma vez por semana, um mês, ou em cada visita de estudo que fizer pode tirá-lo de casa e ajudá-lo a conhecer outras pessoas. Também pode servir como uma ótima maneira de mostrar aos seus filhos o quanto você quer estar envolvido em suas vidas. Afinal, se o negócio é seu, um "chefe" não poderá dizer que não pode tirar duas horas de folga toda terça-feira para dar uma mão na escola.

Tomar a decisão de trabalhar em casa pode ser excelente. No entanto, para ter certeza de que a mudança é certa para você, reserve um tempo para examinar cuidadosamente os altos e baixos e responder honestamente às perguntas sobre você e sua situação.

Benefícios de trabalhar em casa

Trabalhar em casa não é só sol e rosas por muito tempo, mas pode ter alguns benefícios incríveis que muitas mães não trocariam pelo mundo. Os benefícios potenciais de tomar esta decisão podem afetar sua vida financeira, sua vida emocional e até mesmo os relacionamentos que você ama.

Alguns dos benefícios mais notáveis de trabalhar em casa incluem:

- Poupar dinheiro em despesas diárias
Se você está indo para deixar um emprego para trabalhar em casa, você vai ter que compensar a perda, mas há algumas economias instantâneas que você pode sentir. As mães que trabalham em casa muitas vezes poupam muito dinheiro em coisas como cuidados infantis, despesas de viagem, almoços e até

mesmo jantares. Afinal, é muito mais fácil certificar-se de que uma refeição noturna está na mesa se você estiver ao redor durante o dia para ver que isso é assim.

- Embora a programação possa variar dependendo da oportunidade de negócio que está sendo perseguida, muitas mães domiciliares acham que têm muito mais tempo para passar com suas famílias. Mesmo quando trabalham, podem simplesmente ver mais da família e participar mais na sua vida quotidiana. Esta é uma recompensa que pode fazer com que a decisão valha a pena.

- Acompanhar as crianças, a casa e o trabalho será difícil, aconteça o que acontecer. No entanto, fazer isso com um emprego fora de casa pode ser um pesadelo estressante. As mães que trabalham fora de casa podem experimentar uma queda nos níveis de estresse quando entram no ritmo de "estar lá" para fazer coisas. Por exemplo, deitar roupa no lixo antes de começar um dia de trabalho pode tornar-se natural. Assim, também, você pode ter tempo para cumprimentar os pequenos em uma parada de ônibus e assim por diante.

- Recompensas pessoais Não importa se você inicia um negócio que vende itens através de entidades privadas ou insere dados por conta própria, quando você testa seus sucessos, eles serão realmente seus. Criar até mesmo um negócio home modestamente bem sucedido pode ser incrivelmente gratificante a um nível pessoal.

- Enquanto algumas empresas serão mais flexíveis do que outras, a maioria das mães que trabalham em casa acham que são muito mais flexíveis no que podem e não podem fazer do que quando trabalham fora de casa. Esta pode ser uma vantagem incrível para as mães que querem tomar decisões quando trabalham, em que dias e durante quanto tempo o fazem.

- Trabalhar em casa pode ser muito gratificante para as mulheres que dão uma oportunidade séria à perspectiva. As recompensas de o fazer podem variar entre o financeiro e o muito pessoal.

> ## ➢ CUIDADO COM A ARMADILHA.

Trabalhar em casa pode levar uma série de recompensas que fazem a empresa vale a pena. As mães podem prosperar nestas circunstâncias porque a situação lhes dá o melhor dos dois mundos.

Por mais fantástico que possa ser trabalhar em casa, existem alguns riscos potenciais. Entender o que eles são pode prepará-lo para enfrentá-los e ganhar. Embora nem todos vão experimentar os mesmos esquemas trabalhando em casa, alguns dos problemas mais comuns que podem surgir incluem coisas como:

Algumas mães que trabalham em casa têm um pouco de dificuldade em encontrar o equilíbrio entre carreira e vida pessoal. Quer passem demasiado tempo a trabalhar ou não o suficiente, não alcançar um equilíbrio pode ter o potencial de levar à desilusão numa arena, noutra, ou em ambas.

Isolamento Como discutido anteriormente, algumas carreiras em casa pode ser um pouco solitário no grande esquema das coisas.

Culpa Embora a ideia de trabalhar em casa signifique muitas vezes ter mais tempo para a família, o trabalho também deve estar na lista de prioridades. Isto significa que haverá momentos em que as mães terão de dizer não ou ir sobre o seu negócio, mesmo quando uma criança de três anos tem um birra. A parte longa e curta desta realidade é que às vezes as mães se sentem culpadas por não estarem lá, mesmo quando estão lá.

Em algumas áreas do trabalho, ruídos de fundo em uma casa pode ser um pouco embaraçoso e pode até parecer pouco profissional. Falar ao telefone com um cliente enquanto uma criança tem uma convulsão ou um cão ladra alto no fundo não soa tão profissional como muitos gostariam.

O perigo de trabalhar em casa reside muitas vezes no facto de não poder "sair" do trabalho no final do dia. Com isso em mente, muitas mães trabalham em casa e tendem a exagerar em seu detrimento. Embora isso possa ser bom para os negócios, a exaustão pode ocorrer se alguém trabalhar 24 horas por dia e não relaxar, relaxar e respirar de vez em quando.

Embora seja certamente bom poder sair da cama de manhã e "informar" o escritório, esta pode ser uma faca de dois gumes. É muito fácil estar sentado com esse roupão às 18:00 numa terça-feira normal. Isto pode ter um impacto negativo na auto-estima.

Embora as armadilhas sejam muito

reais, há maneiras de enfrentá-las e vencer. Não importa o desafio, ter um bom plano para lidar com a situação pode fazer toda a diferença.

Superar obstáculos

Enquanto os obstáculos vão ficar no caminho de qualquer negócio, alguns dos obstáculos ao negócio home são um pouco diferentes. Há maneiras de lutar contra cada um deles. Quando você tem um arsenal de armas à sua disposição, você pode limpar o caminho para o sucesso.

Estas pontas podem ser muito eficazes em ajudar às mães que enfrentam e superam todos os obstáculos que se levantam na maneira:

Embora a flexibilidade seja importante, também é importante ter um cronograma que seja seguido regularmente. Quando você fica firme em suas horas de trabalho e tenta manter um horário, é mais fácil encontrar um equilíbrio que funcione em sua vida.

Criar um escritório em casa Mesmo que seja um guarda-roupa que é repensado como seu próprio, ter um quarto com uma porta para onde se retirar para chamadas de negócios e trabalho sério a partir do prazo pode ser um salva-vidas. Claro, pegue o laptop para que você possa trabalhar na sala de estar enquanto sua família zumbe ao seu redor, mas tenha um abrigo para ir quando mais precisar. Fazendo isso, por sinal, pode até mesmo ajudar em seus impostos, por isso é inteligente de alguns pontos de vista.

Se você vai ser uma mãe que trabalha em casa com crianças pequenas, é imperativo que você tenha babás ou creche na fila para quando é mais necessário. Não importa se o seu negócio está relacionado com vendas ou serviços, haverá alguns dias em que não poderá estar disponível para a sua família.

Atribuir trabalhos de casa Se os seus filhos forem mais velhos, um negócio baseado em casa pode tornar-se o trabalho de todos. Atribua às crianças tarefas e tarefas que elas podem fazer para ajudá-las. Estas podem incluir funções relacionadas com negócios ou mesmo simplesmente colocar as crianças no serviço de lavandaria para as libertar até ao fim das chamadas nocturnas. Um pouco de trabalho nunca magoa ninguém ou as crianças que ajudam uma família a funcionar bem e aprendem lições valiosas ao longo do caminho.

Concentrar-se no prêmio Diga "Não" para a terceira viagem ao parque durante uma semana ensolarada pode ser difícil, mas fazê-lo pode ser importante. Quando os teus filhos te vêem a trabalhar arduamente para

a tua família, eles podem aprender pelo exemplo. Instalar uma ética de trabalho forte desde cedo pode colocar os jovens no seu próprio caminho para o sucesso.

Além dos prazos, é importante levantar-se e vestir-se para o trabalho, mesmo que esteja a mudar de cama para computador. Isso pode ajudá-lo a se sentir melhor consigo mesmo e a manter sua motivação e projetar vibrações bem-sucedidas no processo.

Oportunidades para todos

Não importa se você nunca trabalhou um dia em sua vida ou se está deixando um emprego de longo prazo, há oportunidades que quase todos podem aproveitar. Trabalhar em casa e ter sucesso não significa que você tem que ter um diploma de quatro anos, uma tonelada de habilidades especializadas ou um banco cheio de dinheiro. O que você precisa é de uma boa idéia e do impulso para alcançá-la.

Há uma variedade de oportunidades para trabalhadores não qualificados ou pouco qualificados. Algumas das opções incluem coisas como:

Vendas Há uma variedade de negócios relacionados a vendas que você pode explorar que lhe permitirá basear suas operações longe de casa. Muitas empresas que dependem de mães em casa para vender seus produtos irá fornecer-lhe a formação que você precisa para ter sucesso. É igualmente possível comprar um território de franquia para certos produtos. Apenas certifique-se de que pode fazer o backup de um produto antes de tentar vendê-lo. Se não te venderem, os clientes também não serão.

Muitas das mães que vivem em casa fizeram uma vida vendendo itens através de lojas online ou através de sites de leilões virtuais. Se você criar itens você mesmo ou fazer um monte de compras para vendas de garagem e imóveis, esta opção é muito fácil de explorar. Também pode ser amortizado com uma parte lucrativa ou com rendimento a tempo inteiro.

Introdução de dados se você puder usar um computador e do tipo com todo o grau da exatidão, você encontrará uma riqueza das oportunidades disponíveis para as habilidades que você tem. Mesmo que você não seja o melhor datilógrafo do mundo, há maneiras de aperfeiçoar a habilidade o suficiente para que esta oportunidade de trabalhar por conta própria dê frutos. À medida que mais empresas terceirizam funções como a entrada de dados, muitas donas de casa descobrem que esse nicho se encaixa perfeitamente com elas.

Telemarketing É muitas vezes possível obter empregos freelance e até mesmo em empresas de telemarketing que dependem de trabalhadores domiciliares. Este tipo de trabalho não requer um conjunto de habilidades altamente especializadas. Se conseguir falar claramente ao telefone, transmitir a sua mensagem e ser agradável no processo, deve estar preparado.

Muitas mães que trabalham no repouso repouso tropeçam em cima de seu próprio nicho baseado em seus próprios passatempos pessoais. Algumas empresas baseadas em casa que surgiram a partir de idéias originais ou produtos incluem coisas como artesanato, vendas on-line, produção de roupas personalizadas com vitrines on-line, sabão e fabricação de velas, e muito mais. As opções são limitadas apenas pela imaginação.

Assistentes pessoais Alguns trabalham em casa, mães fazem recados para outros, trabalham em um ambiente virtual para tirar a carga dos funcionários do escritório, e muito mais. O campo de assistente pessoal pode ser muito interessante para explorar tanto localmente como online. O potencial aqui está crescendo à medida que mais empresas terceirizam e mais funcionários têm medo de tirar um tempo para realizar seus projetos pessoais.

O cuidado de crianças em casa é uma opção popular para mães que querem que seus filhos estejam em um ambiente familiar e acolhedor. Esta opção pode ser excelente para um negócio baseado em casa. Como mãe, você tem muitas das habilidades já necessárias para o trabalho.

Escrita Se você pode encadear frases com facilidade, as oportunidades estão disponíveis para escritores freelance. Embora você possa não ter algumas das habilidades para certos trabalhos, há projetos que podem ser feitos por iniciantes. Muitos trabalhos de blogues, por exemplo, exigem que as pessoas do "dia-a-dia" escrevam. Isso significa que apenas uma boa voz de escrita e habilidades básicas são necessárias.

Você pode precisar de um diploma ou treinamento especializado para isso, mas este campo apresenta algumas oportunidades únicas. Alcançar para fora aos estudantes em linha do tutoring pode ser uma maneira excelente de fazer uma vida e colher os benefícios de trabalhar no repouso ao mesmo tempo.

Algumas empresas estão se voltando para call centers virtuais para gerenciar seu atendimento ao cliente. Em muitos casos, esses call centers contratam trabalhadores domiciliares para lidar com os turnos de chamadas recebidas. Embora este tipo de trabalho exija horas fixas, ainda pode proporcionar a flexibilidade de horários que os pais muitas vezes exigem. Além disso, alguns call centers podem oferecer trabalho em tempo integral real com benefícios para teletrabalhadores. Isto pode ser uma vantagem se você não quiser começar seu próprio negócio para trabalhar em casa.

Embora sejam necessárias formação e licenças de curto prazo para este campo, muitos dos que entram neste campo percebem que podem trabalhar em casa a maior parte do tempo.

Transcrição Para aqueles que têm um dom para o teclado, este pode ser um campo incrível para entrar. Com treinamento básico, o trabalho de transcrição padrão pode ser feito em casa. Com um curso mais aprofundado de estudo, contratos de transcrição médica mais bem pagos também podem ser obtidos.

As oportunidades de trabalhar em casa são praticamente infinitas. Com trabalhos que vão desde aqueles que nunca exigem que você deixe a casa para aqueles que podem tê-lo fora e sobre como fazer chamadas de vendas em sua própria programação, suas opções não são limitadas, mesmo se o seu conjunto de habilidades básicas acaba por ser assim.

Maximize suas habilidades

Embora muitas oportunidades de emprego em casa não exijam graus especiais ou formação avançada, algumas competências podem ser necessárias para empregos mais bem remunerados. Felizmente, há uma variedade de lugares que você pode virar para aprimorar as habilidades que você precisa para ter sucesso sem gastar uma fortuna no processo.

Mesmo se você escolher um campo que não exige habilidades especiais em tudo, pode ser importante considerar alguns cursos para aumentar a sua perspicácia empresarial. Aprender sobre coisas como contabilidade básica, manutenção de registros, marketing e o estabelecimento legal de um negócio pode ser importante para o sucesso de um negócio baseado em casa em muitos casos.

Dependendo do campo em que está interessado em entrar, estes pontos de venda podem ser úteis para lhe proporcionar rapidamente a formação adequada:

As escolas secundárias locais oferecem muitas vezes aulas à noite para os seus próprios alunos e adultos da comunidade que procuram melhorar as suas competências. Embora o currículo possa incluir aulas em escolas de ensino médio padrão, muitos programas de desenvolvimento profissional também são oferecidos. Estes podem variar desde aulas técnicas e de digitação até contabilidade e muito mais. Não te preocupes, eles não te obrigam a fazer história e matemática outra vez a não ser que queiras!

As escolas técnicas públicas podem ser recursos inestimáveis para a formação em diversas áreas. Alguns dos programas que poderiam ser oferecidos que poderiam ser de grande utilidade para uma carreira em casa incluem transcrição, marketing, operação de computador, contabilidade básica, e assim por diante. Esses lugares também são conhecidos por oferecer cursos de alta tecnologia. Se, por exemplo, você quiser aprender a construir websites, as escolas técnicas estaduais ou locais são um bom lugar para procurar lições de baixo custo.

Os cursos de certificação em casa podem fornecer as habilidades e a papelada necessárias para iniciar uma carreira num piscar de olhos. Oportunidades aqui podem incluir coisas como transcrição médica, contabilidade, marketing e muito mais.

À medida que as escolas, faculdades e universidades mais técnicas se aproveitam do poder da Internet para ensinar, a disponibilidade de cursos está aumentando. Enquanto as ofertas podem variar muito, os estudantes em casa podem fazer tudo, desde aprender como usar os produtos do Microsoft Office até obter um diploma de mestre - tudo a partir do conforto de sua própria casa.

As associações de certificação baseadas em campo que representam certos campos de trabalho podem oferecer aulas de treinamento de certificação ou licenciamento a baixo custo. A obtenção de treinamento para obter uma licença imobiliária, por exemplo, pode levar apenas alguns meses de estudo através de um conselho localizado de agentes imobiliários.

Centros de Desenvolvimento de Pequenas Empresas Localizados em muitas áreas metropolitanas, essas agências financiadas pelo governo são conhecidas por hospedar uma variedade de programas, workshops e aulas de certificação. Estes centros também podem ser recursos incríveis para estabelecer um negócio corretamente para cumprir com os regulamentos locais, estaduais e federais.

Se você pretende assinar com uma empresa franqueada ou trabalhar em um território como vendedor de casa, o treinamento será fornecido em muitos casos. Dependendo do campo ou produto selecionado, as classes associadas podem não custar nada. Por exemplo, as empresas baseadas em vendas que operam utilizando home parties geralmente oferecem treinamento prático e extensivo. Muitas franquias, também, oferecem uma variedade de cursos práticos para ajudar aqueles que compram a desfrutar do sucesso.

Formação no local de trabalho Alguns empregos freelance fornecerão formação básica no local de trabalho aos contratantes. As empresas que contratam trabalhadores à distância para receber chamadas, por exemplo, também podem oferecer formação.

Obter o treinamento que pode ser necessário para muitas empresas baseadas em casa é geralmente muito mais fácil do que você poderia pensar. Vá para o lugar certo e as habilidades que você tem podem ser facilmente adicionadas.

Onde encontrar um emprego?

Tomar a decisão de trabalhar em casa e selecionar um campo para seguir não será suficiente para fazer as coisas andarem. A menos que você planeje construir seu próprio negócio a partir do zero, você precisará saber onde ir para encontrar empregos e oportunidades em sua casa. Há uma série de opções que podem ser incrivelmente úteis para ajudá-lo a começar a ganhar dinheiro em casa. No entanto, há algumas coisas a ter em conta. O mundo do trabalho em casa não é imune a vigaristas, infelizmente.

✓ AGÊNCIAS DE EMPREGO

As agências locais de emprego podem ser um recurso inestimável para os trabalhadores por conta própria, trabalhadores semi-qualificados e até mesmo para aqueles que procuram emprego em empresas que colocam os trabalhadores pagos à peça na folha de pagamento. Para encontrar uma agência de emprego com a qual vale a pena trabalhar para impulsionar a sua carreira, não se esqueça de o fazer:

Definir os seus interesses: As agências de emprego podem ser mais especializadas nos tipos de empregos que gerem. Certifique-se de que seus interesses e a área de carreira que você planeja seguir estejam claramente definidos para eliminar agências que podem não ser capazes de ajudá-lo.

Agências de pesquisa em sua área: Uma vez que você sabe o que você quer perseguir e talvez até mesmo quais campos você quer ficar longe, procure agências em sua área que têm uma reputação de ajudar as pessoas em sua esfera de interesse. Se não conseguir obter recomendações, ligue para as agências locais e pergunte o que elas fazem.

Custos associados à investigação: A maioria das agências de emprego cobra ao empregador, não ao candidato a emprego. Certifique-se de verificar isso antes de lidar com uma agência. Não é divertido conseguir um emprego só para descobrir que um corte será removido do topo!

As agências de emprego podem constituir recursos inestimáveis para o lançamento de certas áreas de interesse para o trabalho no domicílio. Certifique-se de que se este é o caminho que você deseja seguir, a agência com a qual você trabalha tem experiência na sua área de especialização ou interesse.

✓ *AS FRANCISCANAS*

Se você preferir não inventar a roda para desfrutar de uma oportunidade de negócio em casa, trabalhar com uma franquia ou assinar com uma empresa de vendas sediada no território pode funcionar perfeitamente. Ambas as opções podem oferecer grandes vantagens quando se trata de backup e suporte, mas há coisas para ter em mente antes de assinar na linha pontilhada. Estes incluem

Reconhecimento: Se você está comprando de uma franquia ou simplesmente representando uma empresa através de vendas, certifique-se de que o produto e/ou serviço é reconhecido e de boa reputação. Mesmo com negócios em crescimento ou novos negócios, é possível testar a água. O facto de uma empresa oferecer franquias para venda não significa que os seus produtos ou serviços estejam em grande procura.

Nível de apoio: Se você não está entrando na empresa com muito treinamento, certifique-se de que a oportunidade vem com muito apoio. Muitas empresas franqueadas oferecem treinamento básico em vendas e negócios, por exemplo. As empresas de vendas, é claro, devem ajudá-lo a desenvolver um plano para vender os seus produtos.

O seu mercado: Não lhe servirá de nada abrir a décima franquia exacta numa área de 20 quarteirões. Certifique-se de que compreende o seu mercado e as suas necessidades. O mesmo se aplica ao estabelecimento de territórios de vendas. Demasiada competição "amigável" e suas chances de sucesso podem ser muito afetadas.

Custos associados: Certifique-se de que tem uma boa gestão dos custos associados a esta rota. Algumas franquias são muito acessíveis, mas outras podem ser incrivelmente caras.

Seus interesses: Simplesmente não faz sentido montar uma loja com uma empresa, produto ou serviço no qual você não tem interesse. É provável que o esforço caia se você não puder apoiá-lo totalmente. Explore seus interesses de perto e, em seguida, combine-os com as oportunidades disponíveis.

Tempo envolvido: Algumas

oportunidades podem soar muito bem até que a quantidade de trabalho envolvido seja claramente compreendida. Se você quiser garantir que a flexibilidade seja mantida, é imperativo que você controle o que é realmente necessário para ter sucesso.

A franquia ou rota de vendas pode ser uma maneira mais fácil de entrar em um negócio baseado em casa que tem uma chance real de sucesso. No entanto, a fim de aproveitar os resultados e recompensas que você anseia, é imperativo que você primeiro faça alguma pesquisa.

✓ *OBTER EMPREGOS ATRAVÉS DE WEBSITES*

Aproveitando o poder da Internet pode ser uma ótima maneira de encontrar trabalho em casa. Na arena online, você encontrará sites que podem ajudá-lo:

Se você quer um trabalho no repouso, mas no repouso, faz o sentido procurar um número de companhias em torno do mundo que são sabidas para pôr teletrabalhadores na folha de pagamento. Isto pode fazer com que encontrar oportunidades que paguem muito mais facilmente.

Há uma variedade de Web sites que se especializam em combinar o trabalhador por conta própria em um número de campos com a contratação de empregadores. Embora estas sejam geralmente posições de curto prazo, elas podem ser muito lucrativas ao longo do tempo. Isto é especialmente verdade se os empregadores de curto prazo continuarem a voltar para mais. Os escritores freelance, por exemplo, podem se conectar com uma variedade de empregadores on-line e encontrar mais trabalho do que eles podem lidar se eles jogam suas cartas direito.

Se você gosta da idéia de vender velas em uma atmosfera de festa, por exemplo, encontrar a empresa certa para lidar com pode ser muito mais fácil online. Aqui você vai descobrir uma variedade de sites que podem conectá-lo à oportunidade certa.

Sites comunitários Sites listados na comunidade Os sites da Web listados na comunidade frequentemente têm áreas que conectam trabalhadores domiciliares com possíveis ações. Embora nem todas as ofertas sejam legítimas, esses sites podem valer a pena.

Algumas agências de emprego online lidar em grande medida com posições de teletrabalho e outras oportunidades em casa. Eles podem oferecer uma porta aberta para encontrar oportunidades de emprego de curto e longo prazo em uma variedade de campos.

As opções para se conectar com potenciais empregadores na arena online são quase infinitas. Por mais incríveis que algumas das oportunidades possam parecer, é imperativo estar ciente de alguns perigos potenciais.

✓ *COISAS A EVITAR*

Tão fácil como alguns lugares podem fazê-lo para encontrar potenciais oportunidades de emprego em casa, nem todos os que estão lá fora são exatamente respeitáveis. Tendo isto em mente, é importante evitar os autores de fraudes, adoptando uma abordagem cautelosa em relação a qualquer proposta. Para evitar problemas com oportunidades de emprego em casa, contratos independentes e muito mais, certifique-se de que o faz:

Não assine para vender produtos para uma empresa sem entender exatamente o que são esses produtos e qual é a reputação da empresa. Se você é autônomo, investigue a reputação do empregador. Sites independentes, por exemplo, muitas vezes oferecem classificações de feedback. Para outras oportunidades de negócio, consulte as câmaras de comércio locais ou o Better

Business Bureau para obter mais informações.

Muitos anúncios para os trabalhadores em casa oferecem uma tonelada de dinheiro para um pouco de trabalho. Outros tentarão cobrar-lhe pela oportunidade de trabalhar para eles. A menos que seja uma franquia com uma taxa de participação, tenha muito cuidado com qualquer pessoa que tente obter o seu dinheiro para que possa ganhar dinheiro. Além disso, se o trabalho em casa parece bom demais para ser verdade, provavelmente não é. Exercite o senso comum aqui e olhe para os fundos.

Contratos de utilização Pode ser demasiado fácil para os trabalhadores independentes, por exemplo, escorregar nesta frente. Certifique-se de obter clientes sob contrato, mesmo que seja para apenas um trabalho no muito curto prazo. Isto protege não só você, mas também o empregador independente.

Se a sua ideia é trabalhar em casa a maior parte do tempo e desfrutar de um horário flexível, não se inscreva numa banca de vendas de casas que coma até 80 horas por semana. Considere todos os seus objetivos ao explorar as possibilidades que existem.

Encontrar empregadores para muitas posições na casa não é tão difícil como parece. Há uma série de recursos que podem facilitar bastante a tarefa.

Um conselho...

Embora nem todos os empregos baseados em casa vai exigir entrevistas ou habilidades de criação de propostas, muitos vão. Se você decidiu que gostaria de trabalhar para uma empresa que contrata funcionários em casa ou com um contrato local, por exemplo, você vai querer melhorar suas habilidades de entrevista. Se está a pensar em tornar-se trabalhador independente através da Internet, terá de saber como se apresentar da melhor forma possível através de propostas.

- ## *OBTENÇÃO DE ENTREVISTAS*

Se você ainda não foi entrevistado para uma posição antes ou já passou muito tempo, há algumas dicas que podem ajudá-lo a colocar o seu melhor pé para a frente. Para garantir que fazes o teu melhor em qualquer situação de entrevista:

Embora possa não ser necessário usar camisa de força e saltos altos para cada entrevista, vista-se de forma organizada, limpa e profissional. As primeiras impressões importam.

Esteja preparado para responder a uma variedade de perguntas relacionadas ao trabalho e outras. Compreender a posição, a empresa e qual poderá ser o seu papel antes de entrar pela porta. Além disso, é uma boa idéia se preparar para qualquer coisa que possa ser jogada em seu caminho. Planeje uma entrevista pessoal, mas não perca a calma se for um painel. Respira fundo e sê tu mesmo.

Fazer contacto visual Isto é essencial para enviar a mensagem certa a potenciais empregadores. Isto pode ajudá-lo a ganhar uma reputação de confiança, competência e honestidade -

tudo o que os empregadores procuram mesmo em trabalhadores domiciliários.

Embora você possa não precisar de um escritório em casa ou de uma boa configuração do computador antes de conseguir um emprego, ter planos no lugar pode dar-lhe a vantagem da iniciativa que você precisa.

Tente ser o mais relaxado e seguro possível durante qualquer entrevista de emprego. Isso o ajudará a responder às perguntas com mais profundidade e também a causar boa impressão. Mesmo que a posição seja o seu "sonho", não entre em pânico pensando que será o fim do mundo se você não conseguir. Isso minará a confiança e provavelmente lhe dará uma aparência tensa.

Não tenha medo de trazer suas qualificações, experiências e pontos fortes para o primeiro plano. Lembre-se, uma entrevista é realmente uma situação de vendas. Em vez de um produto ou serviço, você vai tentar se vender. Faz bem o trabalho e vais conseguir o trabalho.

Não tentes parecer que és mais do que és. Seja honesto ao responder a perguntas. Se não sabes de nada, admite-o. Enfatize que você está disposto e é capaz de aprender qualquer coisa que você possa pensar.

Seja realista Certifique-se de que você é pelo menos razoavelmente qualificado para uma posição. Se o trabalho requer habilidades altamente especializadas e você não as tem, é provavelmente irrealista ir atrás do trabalho.

As entrevistas cara-a-cara podem ser muito estressantes, mas há maneiras de fazer isso. Quanto mais preparado e relaxado você estiver, melhor você vai encontrar potenciais empregadores. Isso pode lhe dar a vantagem que você precisa para superar a concorrência.

- **SUA PRIMEIRA ENTREVISTA ONLINE**

Entrevistar ou candidatar-se a um emprego num ambiente virtual pode ser um pouco mais complicado. Embora algumas posições também possam incluir uma entrevista cara a cara, muitas não o fazem. Isso significa que, muitas vezes, você terá que se vender com base apenas em credenciais e comunicações escritas. Há algumas dicas que podem ajudá-lo a realizar aqui. Estes incluem

Uma vez que é muito provável que tenha de aterrar o trabalho apenas com materiais escritos, será imperativo que as propostas sejam apresentadas correctamente. Certifique-se de que tem tempo para actualizar o seu currículo e qualificações, rever a sua proposta e oferecer apenas o que realmente pode oferecer. Se você está planejando trabalhar por conta própria, mantenha seus preços de oferta competitivos.

Alguns empregadores independentes preferem entrevistar candidatos por telefone ou em salas de chat. Certifique-se de que está disponível para falar quando necessário.

Uma vez apresentadas as propostas, pode ser uma boa ideia contactar um potencial empregador e estar disponível para responder a quaisquer perguntas. Se você está licitando através de um serviço de correspondência freelance, isso pode não ser possível, mas em outras áreas pode ser um hábito valioso para entrar.

Entrevistar para um emprego a tempo inteiro ou mesmo para um contrato de freelance pode ser um pouco avassalador. Quanto mais preparado estiver para o que pode esperar, melhor será o seu desempenho. Com um pouco de confiança, vais fazer com que as coisas boas aconteçam para ti.

- ***CONFIGURAR CORRECTAMENTE O ESCRITÓRIO EM CASA***

Se você pretende ser autônomo, fazer vendas, comprar uma franquia ou teletrabalho para um empregador em tempo integral, você vai achar que ter um escritório em casa é uma consideração muito importante. Mesmo que seja apenas um armário com sua própria porta de privacidade, ter um retiro pode ser muito importante para os níveis de produtividade e até mesmo para a sanidade.

Você provavelmente vai descobrir que não precisa gastar uma pequena fortuna para montar um escritório em casa. Mesmo com um orçamento relativamente baixo, você pode obter as ferramentas que você precisa para quase todos os campos profissionais. Os princípios básicos a considerar incluem:

Uma estação de trabalho Mesmo se você usar dois armários de arquivo com uma mesa esticada sobre eles, ter um lugar para colocar outros materiais e distribuir a papelada pode ser muito inteligente.

Armário(s) de arquivo Está tudo bem se

estes são parte da "mesa" ou se eles estão em pé por conta própria. De qualquer forma, você vai precisar deles para manter arquivos importantes, como informações de clientes, recibos de compra para a empresa e assim por diante.

Um computador Este é o pão e a manteiga para muitos negócios em casa. Um computador fiável com o software de escritório certo pode até mesmo ajudar com uma franquia baseada em vendas. É também uma boa ideia ter uma ligação à Internet de alta velocidade. Isto é especialmente verdade se você planeja trabalhar como um freelancer ou teletrabalhador virtual.

Um telefone Ter uma linha telefônica dedicada para negócios é uma ótima idéia. Mesmo que você não queira fazer isso no início, considere pelo menos colocar um telefone no escritório.

Impressora/fax/scanner Para manter os

custos baixos, uma unidade combinada pode funcionar muito bem.

Um planeador. Vais fazer muito malabarismo. Para acompanhar tudo isso, é inteligente ter um calendário ou agenda para ajudá-lo a agendar seus dias.

Não se esqueça de estocar outros suprimentos que você possa precisar, como canetas, papel, livros de registro, arquivos, faturas, cartões de visita, etc.

Estabelecer um escritório em casa é uma idéia muito boa para lhe dar o espaço que você precisa para fazer o seu trabalho. Mesmo uma configuração muito básica pode ajudar tremendamente.

O caminho para o sucesso

A menos que você tenha decidido trabalhar remotamente para uma empresa, há algumas coisas que você vai querer fazer para se colocar no caminho do sucesso. Seleccionar uma área de negócio a seguir, criar um escritório em casa e até mesmo receber um pouco de formação não será suficiente para construir uma lista de clientes e mantê-los voltando para mais.

Se você pretende abrir uma franquia de vendas ou freelance para um empregador contratado, existem vários outros movimentos que você precisa fazer para sair de um bom começo. Publicidade, networking, e construir e proteger sua reputação se tornarão considerações importantes quando você estiver imerso no trabalho em casa.

✓ PORQUE É QUE A PUBLICIDADE É IMPORTANTE

Só porque você decidiu fazer negócios por conta própria não significa que os clientes vão começar a bater à sua porta. A publicidade é essencial para franquias, vendas no território, vendas online e até mesmo para os autônomos. As pessoas simplesmente precisam saber quem você é e o que você oferece antes que estejam interessadas em seus produtos ou serviços. Pendurar um sinal não é suficiente.

Então, como você pode obter a informação que você precisa sobre o seu novo negócio baseado em casa? Estes modos de publicidade podem ajudar as pessoas a conhecê-lo e ao seu negócio:

Dependendo do que você vai fazer, a publicidade impressa pode ser uma boa maneira de fazer isso. Se você planeja vender produtos em uma determinada área, por exemplo, os jornais locais podem fazer maravilhas. Se quiser oferecer os seus serviços como assistente virtual para pequenas empresas, as revistas especializadas podem dar-lhe um impulso.

Pague por clique publicidade on-line e outros anúncios online motor de busca conduzido pode trabalhar muito bem para obter você sites de vendas on-line, nomes de freelancers e muito mais circulando na Web. Também pode ser uma idéia muito boa para criar seu próprio site, mesmo para um negócio altamente localizado.

Publicidade gratuita Uma das melhores maneiras de obter pelo menos um impulso inicial é desfrutar dos benefícios da publicidade gratuita. Se você estiver abrindo uma franquia ou um negócio de vendas de território em sua comunidade, envie um comunicado de imprensa para a mídia local. Se você está indo para fazer negócios online, considere escrever um blog sobre sua experiência ou campo para gerar tráfego para o seu site. Você também pode escrever colunas de convidados para outros, concordar em ser entrevistado por um escritor online, ou emitir comunicados de imprensa baseados na web para dizer quem você é e o que você faz.

Outras formas de publicidade Televisão, mala direta, rádio e outras ferramentas de publicidade podem funcionar bem, dependendo do seu orçamento e do tipo de negócio em que se encontra. Considere suas opções cuidadosamente, no entanto, já que esses modos de divulgar a palavra podem custar mais do que você quer pagar como um começo.

Abrir um negócio não é suficiente para garantir o sucesso. Quando você estiver pronto para começar, sua base de clientes em potencial precisará saber sobre você. A publicidade é essencial para impulsionar o tráfego e os negócios à sua maneira.

✓ AS FINALIDADES DO TRABALHO EM REDE

Networking é realmente uma outra forma de publicidade, mas é um que pode ser bastante acessível e eficaz. Quando você entra em contato, você está basicamente se tornando o melhor vendedor para o seu negócio. Além disso, isso pode tirá-lo de casa, fazendo algo muito importante para construir suas vendas e reputação.

As opções de rede são um pouco mais extensas do que muitas pessoas pensam. Algumas oportunidades que podem valer a pena explorar incluem:

Câmaras de comércio locais As câmaras de comércio locais fornecem uma excelente plataforma para quem vende um produto ou serviço para divulgar a notícia. Enquanto as câmeras podem consumir um pouco de tempo no grande esquema das coisas, elas oferecem treinamento valioso em troca de custos de associação e podem ajudar os proprietários de empresas e freelancers a desfrutar de uma maneira de se tornar uma parte valiosa de uma comunidade.

Muitas comunidades têm seus próprios grupos de rede que oferecem menos na forma de programas e mais na forma de tempo face a face com outros empresários que podem estar à procura de produtos ou serviços. Os grupos de trabalho podem reunir-se semanalmente, mensalmente ou trimestralmente. Em algumas áreas, você encontrará grupos gerais de trabalho em rede e até mesmo aqueles voltados para o trabalho com mães.

Opções Online Se você pretende vender produtos on-line ou quer trabalhar como um profissional de entrada de dados independente, você vai achar que a rede Web pode ser muito importante para o seu sucesso. Para espalhar a palavra sobre o que você faz, considere juntar grupos de contato online, escrever artigos de convidados ou especialistas para sites, etc. Lançar um blog para auto-promoções também pode funcionar muito bem para o tráfego e interesse de sua maneira.

Usando sites de redes sociais também pode ser uma maneira interessante e eficaz para criar um boato sobre o seu negócio.

Patrocínios Lançar uma franquia de vendas em uma comunidade local e começar o primeiro dia patrocinando um evento, equipe esportiva ou algo semelhante pode espalhar a boa vontade instantaneamente. Os patrocínios não têm necessariamente de ser caros para serem eficazes. Se você está entrando em um negócio online, suas opções podem ser limitadas.

Networking não é apenas um veículo de publicidade vital para o seu negócio, mas também pode servir como uma boa "distração" para você. Como uma mãe que trabalha em casa, você vai descobrir que sair e promover o seu negócio é divertido, gratificante e oferece uma mudança muito agradável de ritmo.

Abrir um negócio sem que ninguém

saiba que não é inteligente. Há uma variedade de maneiras de espalhar a palavra sobre quem você é e o que faz. Para tirar o máximo proveito do marketing, considere uma abordagem multifacetada.

✓ *REPUTAÇÃO É TUDO*

Se você planeja vender produtos em festas em casa, abrir uma franquia ou contratar trabalho é a sua especialidade, você precisará proteger sua reputação com zelo. Construir uma boa reputação e os benefícios de fazê-lo terá um impacto muito positivo no sucesso do seu negócio.

A sua reputação pode afetar o seu negócio e as suas referências. Se você construir grandes relacionamentos com os clientes, o seu negócio será tipicamente bem sucedido. Se não o fizeres, podes cair.

Para ter a certeza que a tua reputação é estelar, certifica-te que o fazes:

Mantém a tua palavra. Apenas promete o que conseguires manter e faz exactamente isso. Isto irá ajudá-lo a construir confiança com os clientes. Por sua vez, pode levar à repetição de negócios e publicidade boca a boca para os seus produtos ou serviços.

Tratar os clientes com respeito Serviço ao cliente é a chave para construir relações comerciais duradouras. Trate os potenciais clientes com respeito e cortesia e isso compensará.

Certifique-se de que os produtos ou serviços estão no mesmo nível. Embora o seu profissionalismo irá ajudá-lo a começar com o pé direito, são os seus produtos ou serviços que vão continuar a vender o seu negócio. Certifique-se de que eles oferecem qualidade e valor e os clientes vão continuar voltando.

As mães podem estabelecer negócios lucrativos e bem-sucedidos. Se você tomar as medidas certas para planejar seu negócio, divulgar informações e fornecer serviços, seus esforços devem valer a pena.

E os meus benefícios? Onde estão eles?

Sua tarefa está feita, você selecionou seu negócio e você está pronto para ir em frente a toda velocidade. Quando você acha que tem tudo planejado, um amigo lhe pergunta como você vai compensar os valiosos benefícios que seu empregador atual oferece.

Então, *como reage? Pode preencher as lacunas?*

Provavelmente pode ser coberto de forma adequada. Do seguro de saúde e aposentadoria à poupança, você verá que muitas vezes é possível recriar aproximadamente o mesmo tipo de cobertura que você desfrutou como um empregado de tempo integral na corrida de ratos. A abordagem correcta a tomar dependerá das suas circunstâncias pessoais.

➤ *SUBSCREVER UM SEGURO*

Se a cobertura médica, odontológica e oftalmológica são preocupações, as mães que trabalham em casa geralmente têm opções disponíveis para elas. Certificar-se de que sua família está coberta deve, é claro, ser uma prioridade alta. Estas são as opções mais comuns abertas aos trabalhadores pagos em casa:

Se o seu cônjuge consegue obter um seguro de trabalho que cobre toda a família, isto pode resolver o problema completamente. Há também alguns benefícios em seguir esta rota. Embora as apólices de seguro privado possam ser feitas e não sejam tão caras como muitos pensam, elas tendem a ser bastante limitadas em cobertura. Os OPPs e HMOs dos empregadores cobrirão mais e normalmente não incluirão exclusões.

A menos que haja condições pré-existentes importantes para lidar com elas, é possível comprar políticas privadas de HMO e PPO para cobrir a família. Olhe cuidadosamente para a cobertura e os custos não devem falir. Esteja ciente das limitações de cada política específica que você vê. As políticas que não são políticas de grupo tendem a ter muitas restrições e "letras pequenas" que devem ser consideradas de perto.

Grupo Se o seu novo negócio baseado em casa irá empregar mais pessoas do que apenas você, você pode se qualificar para a cobertura de seguro de grupo. Isto significa que terá acesso ao mesmo tipo de opções de cobertura que um empregador forneceria. Os custos podem variar muito, mas pode valer a pena considerar se você tem trabalhadores e uma família inteira para cobrir.

O seguro é simplesmente um obstáculo que impede o trabalho por conta própria. Explore suas opções cuidadosamente e você poderá encontrar uma solução que funcione. Tenha em mente que os custos podem variar muito. Vale a pena verificar todas as avenidas e escolher uma rota final que ofereça a melhor cobertura para o menor investimento possível.

➢ *E A TUA REFORMA?*

Embora o seguro seja uma grande consideração, também não deve ser esquecido sobre o futuro. Se você está deixando um emprego que oferece benefícios de aposentadoria ou veículos de poupança, você vai querer encontrar maneiras de duplicar ou até mesmo melhorar as ferramentas à sua disposição. Você pode perder esse jogo corporativo voando sozinho, mas você pode ter certeza que você economizará para sua aposentadoria como freelancer.

Algumas das opções disponíveis para ajudar as mães que ficam em casa a salvar os ovos dos ninhos para os seus anos dourados incluem:

Estas contas poupança-reforma podem ajudá-lo a proteger a sua poupança fiscal como você construir para o futuro. As IRAs têm limitações de contribuição, mas podem ser uma ferramenta valiosa a ser usada como parte de um plano geral de aposentadoria.

401k Este é outro veículo para poupança-reforma. O problema com 401ks é que eles tendem a estar ligados ao mercado de ações, o que significa que eles podem lidar com altos e baixos dramáticos. Não pode ser inteligente usar um 401k como a única opção, mas podem servir como uma boa tabela em uma planta.

Obrigações Embora seus ganhos não sejam necessariamente dramáticos, eles podem vir a ser investimentos bastante sólidos. Os títulos federais e municipais podem ser recompensados com boas recompensas a longo prazo.

Ações Tenha cuidado ao usar um portfólio como a única opção devido a possíveis altos e baixos. Ainda assim, é uma mesa que vale a pena considerar.

Outros investimentos O ouro, os bens imobiliários e outros investimentos corpóreos podem ser considerados parte de um pacote de investimentos a longo prazo.

Um dos potenciais inconvenientes de trabalhar em casa é a falta de fundos de pensões. Você pode superar este obstáculo se você planejar cuidadosamente e se certificar de que você economiza para o seu futuro.

➢ *CADA CENTAVO CONTA*

As poupanças-reforma são importantes, mas também o são as poupanças a curto prazo. Se você planeja ajudar a nutrir o estilo de vida de sua família ou mesmo financiá-lo inteiramente, economizar dinheiro para um dia chuvoso é uma coisa inteligente a fazer. Esta também é uma ótima maneira de se preparar para o tempo de inatividade que pode ocorrer com qualquer negócio.

Algumas das opções que vale a pena explorar na frente da poupança, muitas das quais são mencionadas para investimentos de aposentadoria. Acções, obrigações e outros investimentos podem dar frutos.

Para uma poupança mais simples, você pode considerar coisas como:

Poupanças Tradicionais Abra uma conta poupança e comece a poupar um montante fixo todas as semanas, quinzenalmente ou mensalmente. Continue assim e as suas poupanças aumentarão com o tempo.

Contas do Mercado Monetário Se você quiser ganhar um pouco mais de interesse em seu dinheiro, estes podem funcionar muito bem. Funcionam como contas correntes ou contas poupança normais, mas ganham mais juros.

Ganhar a vida como uma boa estadia em casa mãe é certamente possível, mas pode não ser suficiente para cobrir suas bases a longo prazo. Se você quer proteger sua renda, sua saúde e seu futuro, é sábio fazer adaptações para o seguro, aposentadoria e poupança padrão.

Conclusão: Como gerenciar tudo e não cair na tentativa?

Se você acha que trabalhar em casa será "mais fácil" do que qualquer outra opção disponível para você, é provável que você esteja se enganando. É diferente, mais conveniente, imensamente gratificante, mas não necessariamente um passeio no parque. Você pode aprender a gerenciar tudo e se destacar em sua vida pessoal e profissional.

Para garantir que você faça malabarismos com o seu trabalho, família e responsabilidades domésticas o mais facilmente possível, pode ser útil considerar as seguintes dicas, técnicas e estratégias para fazer tudo isso:

Este conselho em particular não pode ser enfatizado o suficiente. Se você planeja trabalhar um dia inteiro de oito horas de manhã à tarde ou se pretende trabalhar à noite depois que as crianças vão para a cama, defina sua programação e tente mantê-las.

Aproveite o tempo de inatividade Se você tiver algum tempo de inatividade durante as horas definidas, aproveite para fazer outras coisas no seu prato. Fazer algumas tarefas domésticas, sair com as crianças, fazer o jantar ou relaxar um pouco.

Mesmo trabalhando em casa, é muito provável que você não seja capaz de lidar com isso todos os dias por dentro e por fora. Dê a si mesmo permissão para deixar a casa ir um pouco em favor de obter um grande contrato ou comprar tempo suficiente para levar as crianças para o parque. Priorize o que é realmente importante e o seu acto de malabarismo vai funcionar.

Se você nunca trabalhou em casa antes com crianças correndo ao redor, você está prestes a embarcar em um exercício de paciência. Seus filhos podem não entender que não podem interromper a cada cinco minutos. Você terá que aprender a bela arte do compromisso e até mesmo como ser firme e amoroso para conseguir isso. Com um pouco de esforço, você pode evitar ferir egos pequenos.

Lançar um negócio de ficar em casa pode tornar algumas coisas da vida muito mais fáceis. Pode também apresentar um novo conjunto de desafios. Esteja preparado para priorizar o que importa e envolver-se em pontos que não são tão importantes. Se você fizer essas coisas, você pode fazer malabarismos com tudo e manter seu negócio em andamento, sua sanidade intacta e sua família em boa forma.

➤ *ALGUMAS PALAVRAS DE DESPEDIDA*

Escolher ser uma mãe trabalhadora

pode ser uma das melhores decisões que você vai tomar. Com um pouco de planejamento, paciência e esforço, você pode passar mais tempo com sua família enquanto ganha a vida no processo.

Trabalhar em casa pode ser um grande desafio, mas as recompensas podem valer a pena. Para se certificar de que tem as suas bases cobertas antes de mergulhar nesta decisão, não se esqueça de o fazer:

Quer esteja a trabalhar à distância para um empregador a tempo inteiro ou a iniciar o seu próprio negócio, trabalhar em casa não é para todos. Certifique-se de realmente explorar os possíveis altos e baixos da decisão. Não há problema em decidir que esta opção não é para ti.

Você não precisa ter um título da Ivy League para fazer uma carreira incrivelmente bem-sucedida como mãe em casa. No entanto, você precisa escolher a oportunidade de carreira que melhor se adapte aos seus interesses e às habilidades que você tem ou pode ganhar. Certifique-se de que a empresa que pretende criar mantém o seu interesse.

Se a tua família não está por trás da decisão, podes ter um começo difícil. Tenha discussões francas e abertas sobre o que você espera fazer e o que isso significa para toda a família. É mais provável que valha a pena ter ele em casa do que os sacrifícios que outros membros da família possam ter de fazer.

Defina os seus parâmetros Configure um escritório em casa, defina as horas de trabalho e prepare-se para começar com o pé direito. Fazer essas coisas pode ajudá-lo a construir e manter uma imagem profissional, mesmo que você esteja limpando o lodo da sua camisa enquanto fala com um cliente ao telefone! A melhor parte é que o cliente não será capaz de ver o que você está fazendo!

Se você não vai trabalhar para outra pessoa em tempo integral, certifique-se de espalhar a palavra sobre o seu negócio. Certifique-se de informar seus amigos, familiares e colegas de trabalho. Preste atenção à publicidade, networking e outras opções viáveis para atrair clientes. Continue a cultivar oportunidades de negócios de publicidade após o seu lançamento para manter o seu negócio sob os olhos do público.

Cubra as suas bases Não negligencie a importância do seguro, das poupanças de reforma e de um fundo de dia chuvoso. Planeje com antecedência como lidar com essas coisas e guarde-as para emergências e o futuro se tornará um hábito com o qual toda a sua família poderá viver.

Relaxe Trabalho em casa é um ato de malabarismo. Não há como negar isso. Alguns dias serão melhores que outros. Relaxa e faz o teu melhor todos os dias. Se suares as pequenas coisas, vais enlouquecer.

Tornando-se uma estadia em casa mãe é uma maneira incrível de combinar o trabalho mais importante de sua vida com o segundo mais importante. Se você planejar cuidadosamente e se preparar para alguns altos e baixos ao longo do caminho, as recompensas de deixar o mundo do dia-a-dia para ficar em casa se acumularão rapidamente e continuarão vindo.

Basta lembrar que tudo não vai acontecer da noite para o dia e que vai levar tempo até que você veja uma mudança em sua vida para melhor.

Agora sim, desejo-lhe o melhor em seus resultados, e lembre-se, tudo é prático; teoria sem ação não tem utilidade para você. Traz tudo o que se aprende para a vida real.

Um grande abraço, o teu amigo Jessy!

By the way, quando você conseguir seus resultados pouco a pouco, eu recomendo-o altamente, se você quiser aprender muito mais sobre os métodos de fazer dinheiro, o livro de um grande autor de quem eu aprendo muito, sobre "ESTRATÉGIAS SEGRETAS PARA FAZER MUITO DINHEIRO NO NEGÓCIO MULTINIVEL", é um livro que eu tenho certeza que vai ajudá-lo muito no seu caminho para a "liberdade financeira".

Sem mais delongas, você pode encontrá-lo no motor de busca da Amazônia, como: "Estratégias secretas para ganhar muito dinheiro no negócio multi-nível" ou procurando o seu nome, como: "Gaston Echevarria"... Mais uma vez, desejo-lhe sucesso nos seus resultados!